小跳豆 Jumping Bean 幼兒 自理 故事系列

我會自己吃飯

新雅文化事業有限公司
www.sunya.com.hk

小跳豆
幼兒自理故事系列

跟着跳跳豆和糖糖豆一起學習照顧自己！

自理能力，是指憑自己的能力來獨立完成事情。在孩子學習自理的過程中，不單是訓練他們的日常生活技能，也是培養他們的責任感和自信心。因此，家長要懂得適時放手，相信孩子的能力，而且要把握關鍵的時機，在2至3歲開始教導孩子基本的自理能力，讓他們不再依賴。

《小跳豆幼兒自理故事系列》共 6 冊，由跳跳豆和糖糖豆透過貼近生活的圖畫故事，帶領孩子一起學習自己進食、刷牙、上廁所、收拾玩具，並養成良好的作息和主動做功課的習慣，提高孩子對各種自理能力的認識及實踐的動機。

書後設有「親子小遊戲」，以有趣的形式培養和鞏固孩子的自理能力。「自理小貼士」提供一些實用性建議予家長，有效幫助孩子養成良好習慣。

在孩子學習自理的過程中，難免會遇到困難，家長可以耐心地鼓勵他們嘗試自己解決，讓他們有進步的空間，在面對困難和挫折中學會成長。

讓親子閱讀更有趣！

　　本系列屬「新雅點讀樂園」產品之一，若配備新雅點讀筆，爸媽和孩子可以使用全書的點讀和錄音功能，聆聽粵語朗讀故事、粵語講故事和普通話朗讀故事，亦能點選圖中的角色，聆聽對白，生動地演繹出每個故事，讓孩子隨着聲音，進入豐富多彩的故事世界，而且更可錄下爸媽和孩子的聲音來說故事，增添親子閱讀的趣味！

　　「新雅點讀樂園」產品包括語文學習類、親子故事和知識類等圖書，種類豐富，旨在透過聲音和互動功能帶動孩子學習，提升他們的學習動機與趣味！

想了解更多新雅的點讀產品，請瀏覽新雅網頁(www.sunya.com.hk)或掃描右邊的QR code進入 新雅・點讀樂園 。

如何使用新雅點讀筆閱讀故事？

1. 下載本故事系列的點讀筆檔案

1. 瀏覽新雅網頁(www.sunya.com.hk) 或掃描右邊的QR code 進入 新雅・點讀樂園 。

2. 點選 下載點讀筆檔案 ▶ 。

3. 依照下載區的步驟說明，點選及下載《小跳豆幼兒自理故事系列》的點讀筆檔案至電腦，並複製至新雅點讀筆的「BOOKS」資料夾內。

2. 啟動點讀功能

開啟點讀筆後，請點選封面右上角的 新雅・點讀樂園 圖示，然後便可翻開書本，點選書本上的故事文字或圖畫，點讀筆便會播放相應的內容。

3. 選擇語言

如想切換播放語言，請點選內頁右上角的 粵☆普 圖示，當再次點選內頁時，點讀筆便會使用所選的語言播放點選的內容。

4.播放整個故事

如想播放整個故事，請直接點選以下圖示：

5.製作獨一無二的點讀故事書

爸媽和孩子可以各自點選以下圖示，錄下自己的聲音來說故事！

1⃣ 先點選圖示上**爸媽錄音**或*孩子錄音*的位置，再點 OK ，便可錄音。

2⃣ 完成錄音後，請再次點選 OK ，停止錄音。

3⃣ 最後點選 ▶ 的位置，便可播放錄音了！

4⃣ 如想再次錄音，請重複以上步驟。注意每次只保留最後一次的錄音。

爸媽請使用
這個圖示錄音

孩子請使用
這個圖示錄音

糖糖豆長大了，
是媽媽的好幫手，
她會幫忙摺衣服，
媽媽稱讚她做得真好。

可是，糖糖豆有一個壞習慣，
在吃飯的時候，
她總是要看電視。
當她看着電視熒幕
看得出神時，
往往就忘了吃飯。

這時，外祖母就趕緊拿過湯匙，
一口一口地餵糖糖豆吃飯。
糖糖豆覺得飯來張口真不錯，
這樣她便可以專心地
看她喜歡的動畫片了。

有一天，糖糖豆去參加
小紅豆的生日會。
糖糖豆和小紅豆一起去取食物。
糖糖豆最愛吃香腸，
小紅豆最愛吃沙拉。

她們坐下來後，
糖糖豆馬上張大嘴巴
等待媽媽餵她吃。
小紅豆説：
「糖糖豆，原來你不會
自己吃飯的嗎？」

糖糖豆看看四周，
她發現，所有同學都是
自己吃東西的。
媽媽們則坐在另一邊一起談天。
糖糖豆不好意思地對媽媽說：
「媽媽，我自己來吧！」

小紅豆和同學們
一起去玩遊戲了，
但糖糖豆還在一口一口地
慢慢吃着。
當她吃完的時候，
生日會就差不多要結束了。

晚上，媽媽對糖糖豆說：
「今天的生日會好玩嗎？」
糖糖豆回答說：
「生日會很有趣，
可是我吃得太慢，
沒有機會跟大家一起玩遊戲。」

媽媽摸摸她的頭説：
「今天你自己吃完了整碟食物，
表現很好。由現在開始，
你自己吃飯，
我們吃完飯才看電視，好嗎？」
糖糖豆點點頭説：「好！」

晚飯時，糖糖豆很專心地
自己吃飯，
不知不覺便吃光了一碗飯。

爸爸說明天會買一套可愛的
餐具給糖糖豆，
糖糖豆很高興。

現在，當外祖母想要
餵糖糖豆吃飯時，
糖糖豆都會説：
「不用了，
我會自己吃飯了！」

小朋友，當我們進食下面的食物時，可以使用哪些餐具？請把代表答案的英文字母填在橫線上（可多於一個答案）。

A.
白飯

B.
沙拉

C.
湯

D.
意粉

E.
粥

F.
湯麵

1. 用 ：

_____

2. 用 ：

_____

3. 用 ：

_____

自己吃飯很容易！

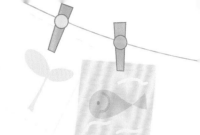

🫘 父母在孩子滿6個月大給他餵食加固食品，當孩子學會吞嚥食物後，可讓孩子嘗試自己抓握手指食物來吃。

🫘 孩子到了1歲左右，手眼協調能力發展迅速，喜歡凡事「自己來」，父母可把握孩子「想自己試試」的時機，為孩子準備一張高度適中的高腳椅和固定的餐具，讓他可以與大人一起用餐，藉此觀察並模仿大人進食的姿勢和規矩，並學習抓握餐具來吃。

🫘 若父母擔心孩子自己進餐時會把大部分食物掉落地上，可在高腳椅下墊一塊塑膠布或報紙，以便清理；千萬不要以責罵的口吻怪責孩子，讓孩子保持心情愉快地用餐是很重要的。

🫘 每次給予孩子的食物分量不要太多，讓孩子容易自己把食物吃完，增加成就感。

🫘 讓孩子在固定的時間用餐，並提醒孩子進餐的時間，同時給予孩子足夠的時間用餐，避免因為時間壓力，而忍不住手給孩子餵食。

小跳豆幼兒自理故事系列
我會自己吃飯

原著：楊幼欣

改編：新雅編輯室

繪圖：郝敏棋

責任編輯：趙慧雅

美術設計：陳雅琳

出版：新雅文化事業有限公司

香港英皇道499號北角工業大廈18樓

電話：(852) 2138 7998

傳真：(852) 2597 4003

網址：http://www.sunya.com.hk

電郵：marketing@sunya.com.hk

發行：香港聯合書刊物流有限公司

香港荃灣德士古道220-248號荃灣工業中心16樓

電話：(852) 2150 2100

傳真：(852) 2407 3062

電郵：info@suplogistics.com.hk

印刷：中華商務彩色印刷有限公司

香港新界大埔汀麗路36號

版次：二〇二一年三月初版

二〇二三年五月第三次印刷

ISBN: 978-962-08-7576-2

© 2021 Sun Ya Publications (HK) Ltd.

18/F, North Point Industrial Building, 499 King's Road, Hong Kong

Published in Hong Kong SAR, China

Printed in China